I0788069